قِراءات أساسِيّة لِلُغة العَرَبيّة

Listen, Read & Write:

Arabic Alphabet Letter Groups

استمع واقرأ واكتب:
مجموعات حروف الأبجدية العربية

Mourad Diouri
مراد الديوري

Contents

	Key to Visual Icons	4
ب ت ث ن ي **1**	Letter Group #01	5
د ذ ر ز و **2**	Letter Group #02	11
ج ح خ **3**	Letter Group #03	17
ة ه ك ل م **4**	Letter Group #04	23
س ش ص ض **5**	Letter Group #05 (Part 1 & 2)	29
ط ظ **6**	Letter Group #06	35
ع غ **7**	Letter Group #07	41
ف ق **8**	Letter Group #08	47
الْ **9**	Letter Group #09: Moon Letters	53
الّ **10**	Letter Group #10: Sun Letters	59
لا **11**	Letter Group #11: Lām Alif Combination	65
ء إ أ ئ ؤ **12**	Letter Group #12: Varieties of Hamza	77
	A-Z Vocabulary Index	99

Key to Visual Icons

🎧	Listening & dictation drills
🗣	Repetition and pronunciation practice activities
✍	Handwriting practice activities
🔗	Practice with joining letters
📖	Reading practice activities
⏱	Speed reading activities

Key to Abbreviations

MSA	Modern Standard Arabic
Coll.	Colloquial Arabic (unspecified or most dialects)
masc.	Masculine
fem.	Feminine
pl.	Plural
adj.	Adjective
n.	Noun
v.	Verb

Audio Recordings

To access the audio recordings of the pronunciation sets in this book, go to → bit.ly/MTPAudio or scan the QR code.

Listen, Read & Write
Letter Group
1

Listen & Repeat
Listen to the words in this letter group and repeat

Scan to access audio

نَباتات	14	باب	1
أَنا	15	بابي	2
أَنْتَ	16	أَب	3
إِثْنان	17	أَبي	4
بِنْت	18	بابا	5
بَنات	19	باتَ	6
إِبْن	20	تابَ	7
تِبْن	21	تابَثْ	8
تين	22	باتَت	9
بَيْت	23	توت	10
أَيْنَ	24	ثَبَتَ	11
بَيْنَ	25	أَثاث	12
		نَبات	13

Read & Write

Task 1: Read the following words aloud
Task 2: Write each word in your own handwriting followed by their phonetic transcription (as in the first example)

14	نَباتات		1	باب	bāb
15	أنا		2	بابي	
16	أَنْتَ		3	أَب	
17	اِثْنان		4	أَبي	
18	بِنْت		5	بابا	
19	بَنات		6	باتَ	
20	اِبْن		7	تابَ	
21	تِبْن		8	تابَثْ	
22	تين		9	باتَت	
23	بَيْت		10	توت	
24	أَيْنَ		11	ثَبَتَ	
25	بَيْنَ		12	أثاث	
			13	نبات	

Speed Read

Working with a partner, read the following words aloud as fast as you can while having your partner time your performance. Alternate between reading from the top down and from the bottom up. Jot down your reading speed below.

1. door	14	نَباتات	1	باب	
2. my door					
3. father	15	أَنا	2	بابي	
4. my father					
5. my dad (Coll.)	16	أَنْتَ	3	أَب	
6. to sleep, spend the night in					
7. to repent	17	إِثْنان	4	أَبي	
8. she repented					
9. she slept	18	بِنْت	5	بابا	
10. berries					
11. to prove st.	19	بَنات	6	باتَ	
12. furniture					
13. plant	20	إِبْن	7	تابَ	
14. plants					
15. I (1st person)	21	تِبْن	8	تابَتْ	
16. You (masc.)					
17. two	22	تين	9	باتَت	
18. girl, daughter					
19. girls, daughters	23	بَيْت	10	توت	
20. son					
21. hay	24	أَيْنَ	11	ثَبَتَ	
22. figs					
23. house	25	بَيْنَ	12	أَثاث	
24. where					
25. between			13	نَبات	

Reading 1 ....

Reading 2 ....

Reading 3 ....

Connect & Write
Connect the following groups of letters in your own handwriting to make words in the space provided

1	ب ا ب باب		14	نَ ا ب ا ت
2	ب ا ب ي		15	أَ ن ا
3	أَ ب		16	أَ نْ تَ
4	أَ ب ي		17	إِ ثْ ن ان
5	ب ا ب ا		18	بِ نْ ت
6	ب ا تَ		19	بَ ا ن ا ت
7	تَ ب		20	إِ بْ ن
8	ت ا بَ ثْ		21	ن بْ تِ
9	ب ا تَ ا ت		22	ت ي ن
10	ت و ت		23	تَ يْ بَ
11	ثَ بَ تَ		24	نَ يْ أَ
12	أَ ث ا ث		25	نَ يْ بَ
13	نَ ب ا ت			

Listen & Write

Listen & write down the words you hear with the correct vowels and pronunciation symbols

Scan to access audio

1

2

3

4

5

6

7

8

9

10

11

12

13

14

15

16

17

18

19

20

21

22

23

24

25

Listen, Read & Write
Letter Group
2

د ب
ذ
ر
ز
و

Listen & Repeat
Listen to the words in this letter group and repeat

Scan to access audio

13	بَريد	1	دار
14	زَبيب	2	زارَ
15	بَزار	3	واد
16	أَرُزّ	4	وَرْد
17	وَرْدَة	5	بَلَد
18	وُرود	6	إِذا
19	وَزير	7	دُبَي
20	وادي	8	دين
21	ثَوْب	9	أَديب
22	زَيْت	10	لَذيذ
23	زَيْتون	11	بَرْد
24	اِزْدادوا	12	بارِد

Read & Write

Task 1: Read the following words aloud
Task 2: Write each word in your own handwriting followed by their phonetic transcription (as in the first example)

13	بَريد	1	دار dār	دار
14	زَبيب	2	زارَ	
15	بَزار	3	واد	
16	أُرُزّ	4	وَرْد	
17	وَرْدَة	5	بَلَد	
18	وُرود	6	إِذا	
19	وَزير	7	دُبَي	
20	وادي	8	دين	
21	ثَوْب	9	أَديب	
22	زَيْت	10	لَذيذ	
23	زَيْتون	11	بَرْد	
24	اِزْدادوا	12	بارِد	

Speed Read

Working with a partner, read the following words aloud as fast as you can while having your partner time your performance. Alternate between reading from the top down and from the bottom up. Jot down your reading speed below.

#		#		#	
1.	house	1	دار	13	بَريد
2.	to visit	2	زارَ	14	زَبيب
3.	valley, river	3	واد	15	بَزار
4.	flowers	4	وَرْد	16	أَرُزّ
5.	country	5	بَلَد	17	وَرْدَة
6.	if	6	إِذا	18	وُرود
7.	Dubai (city)	7	دُبَي	19	وَزير
8.	debt	8	دين	20	وادي
9.	writer, literary figure	9	أَديب	21	ثَوْب
10.	delicious	10	لَذيذ	22	زَيْت
11.	cold (n.)	11	بَرْد	23	زَيْتون
12.	cool, cold (adj.)	12	بارِد	24	إِزْدادوا
13.	mail, post				
14.	raisins				
15.	bazar				
16.	rice				
17.	rose				
18.	roses				
19.	minister				
20.	valley				
21.	cloth, garment				
22.	oil				
23.	olive				
24.	they increased (masc. pl.)				

Reading 1 ....

Reading 2 ....

Reading 3 ....

Connect & Write

Connect the following groups of letters in your own handwriting to make words in the space provided

1	د ا ر	دار	13	بَ ر ي د	
2	ز ا رَ		14	زَ ب ي ب	
3	و ا د		15	بَ ز ا ر	
4	وَ ز د		16	أَ رُ زّ	
5	بَ لَ د		17	وَ ز دَ ة	
6	إ ذ ا		18	وُ ر و د	
7	دُ بَ ي		19	وَ ز ي ر	
8	د ي ن		20	و ا د ي	
9	أَ د ي ب		21	ثَ وْ ب	
10	لَ ذ ي ذ		22	زَ يْ ت	
11	بَ زْ د		23	زَ يْ ت و ن	
12	ب ا رِ د		24	اِ زْ د ا د و ا	

15

Listen & Write

Listen & write down the words you hear with the correct vowels and pronunciation symbols

Scan to access audio

13	1
14	2
15	3
16	4
17	5
18	6
19	7
20	8
21	9
22	10
23	11
24	12

Listen, Read & Write
Letter Group
3

Listen & Repeat

Listen to the words in this letter group and repeat

Scan to access audio

1	جَدّ	17	حَبيب
2	جَدَّة	18	حُلْوْ
3	جَزَر	19	الدَّوْحَة
4	جَزّار	20	تَحْتَ
5	جَديد	21	نَحْنُ
6	زَوْج	22	بَحْر
7	زَوْجَة	23	البَحْرَيْن
8	الجَبْر	24	واحِد
9	دَجاج	25	ريح
10	ثَلْج	26	أَخ
11	الجَزيرَة	27	أُخْت
12	حُدود	28	خُبْز
13	حِجاب	29	خُروج
14	حُبوب	30	خَبَر
15	حَلال	31	أَخْبار
16	حُبّ	32	خوخ

Read & Write

Task 1: Read the following words aloud
Task 2: Write each word in your own handwriting followed by their phonetic transcription (as in the first example)

17	حَبيب		1	جَدّ	jadd
18	حُلْوْ		2	جَدَّة	
19	الدَّوْحَة		3	جَزَر	
20	تَحْتَ		4	جَزّار	
21	نَحْنُ		5	جَديد	
22	بَحْر		6	زَوْج	
23	البَحْرَيْن		7	زَوْجَة	
24	واحِد		8	الجَبْر	
25	ريح		9	دَجاج	
26	أَخ		10	ثَلْج	
27	أُخْت		11	الجَزيرَة	
28	خُبْز		12	حُدود	
29	خُروج		13	حِجاب	
30	خَبَر		14	حُبوب	
31	أَخْبار		15	حَلال	
32	خوخ		16	حُبّ	

Speed Read

Working with a partner, read the following words aloud as fast as you can while having your partner time your performance. Alternate between reading from the top down and from the bottom up. Jot down your reading speed below.

#		#	
1	جَدّ	17	حَبيب
2	جَدَّة	18	حُلْو
3	جَزَر	19	الدَّوْحَة
4	جَزّار	20	تَحْتَ
5	جَديد	21	نَحْنُ
6	زَوْج	22	بَحْر
7	زَوْجَة	23	البَحْرَيْن
8	الجَبْر	24	واحِد
9	دَجاج	25	ريح
10	ثَلْج	26	أخ
11	الجَزيرَة	27	أُخْت
12	حُدود	28	خُبْز
13	حِجاب	29	خُروج
14	حُبوب	30	خَبَر
15	حَلال	31	أخْبار
16	حُبّ	32	خوخ

1. grandfather
2. grandmother
3. carrots
4. butcher
5. new (adj.)
6. husband
7. wife
8. Algebra
9. chicken
10. snow, ice
11. The island (or Al Jazeera Channel)
12. borders
13. veil
14. grains
15. Halal (permissible)
16. love
17. darling, beloved
18. sweet (adj.)
19. Doha, Qatar
20. under
21. we
22. sea
23. Bahrain
24. one
25. wind
26. brother
27. sister
28. bread
29. exit
30. news (sing.)
31. news (pl.)
32. peach

Reading 1 ....
Reading 2 ....
Reading 3 ....

Connect & Write

Connect the following groups of letters in your own handwriting to make words in the space provided

17	حَ بَ ي ب		جَدّ	1	جَدّ
18	حُ لْ وْ		جَدَّة	2	
19	ال دَّ وْ حَ ة		جَ زَ ر	3	
20	تَ حْ ت		جَ زَّ ار	4	
21	نَ حْ نُ		جَ د ي د	5	
22	بَ حْ ر		زَ وْ ج	6	
23	ال بَ حْ رَ يْ ن		زَ وْ جَ ة	7	
24	وَ ا حِ د		ال جَ بْ ر	8	
25	ر ي ح		دَ ج ا ج	9	
26	أَ خ		ثَ لْ ج	10	
27	أُ خْ ت		ال جَ ز ي رَ ة	11	
28	خُ بْ ز		خُ د و د	12	
29	خُ ر و ج		ح ج ا ب	13	
30	خَ بَ ر		حُ ب و ب	14	
31	أَ خْ ب ا ر		حَ ل ا ل	15	
32	خَ و خ		حُ بّ	16	

Listen & Write

Listen & write down the words you hear with the correct vowels and pronunciation symbols

Scan to access audio

17	1
18	2
19	3
20	4
21	5
22	6
23	7
24	8
25	9
26	10
27	11
28	12
29	13
30	14
31	15
32	16

Listen, Read & Write
Letter Group 4

Listen & Repeat

Listen to the words in this letter group and repeat

Scan to access audio

كَبير	17		هُوَ	1
مُمْكِن	18		هِيَ	2
مَكَّة	19		هُمْ	3
بَنْك	20		أَهْلًا	4
مَلِك	21		هِلال	5
مَنْ	22		مِياه	6
مال	23		ثَمانِيَة	7
ماما	24		ثَلاثَة	8
أُمّي	25		نَبْتَة	9
لَمّا	26		لَيْلَة	10
الْيَمَن	27		كِتاب	11
لَيْمون	28		مَكْتَب	12
أَمامَ	29		مكْتَبَة	13
إِمام	30		كيلو	14
أَيّام	31		كَلْب	15
			كَلام	16

Read & Write

Task 1: Read the following words aloud
Task 2: Write each word in your own handwriting followed by their phonetic transcription (as in the first example)

كَبير	17	huwa هُوَ	هُوَ	1
مُمْكِن	18		هِيَ	2
مَكَّة	19		هُمْ	3
بَنْك	20		أَهْلًا	4
مَلِك	21		هِلال	5
مَنْ	22		مِياه	6
مال	23		ثَمانِيَة	7
ماما	24		ثَلاثَة	8
أُمّي	25		نَبْتَة	9
لَمّا	26		لَيْلَة	10
الْيَمَن	27		كِتاب	11
لَيْمون	28		مَكْتَب	12
أَمامَ	29		مكْتَبَة	13
إِمام	30		كيلو	14
أَيّام	31		كَلْب	15
			كَلام	16

Speed Read

Working with a partner, read the following words aloud as fast as you can while having your partner time your performance. Alternate between reading from the top down and from the bottom up. Jot down your reading speed below.

#	Word	#	Word	#	Word
1.	he	18	كَبير	1	هُوَ
2.	she	19	مُمْكِن	2	هِيَ
3.	they	20	مَكَّة	3	هُمْ
4.	hi, welcome	21	بَنْك	4	أَهْلًا
5.	crescent	22	مَلِك	5	هِلال
6.	waters	23	مَنْ	6	مِياه
7.	eight	24	مال	7	ثَمانِيَة
8.	three	25	ماما	8	ثَلاثَة
9.	a plant	26	أُمّي	9	نَبْتَة
10.	a night	27	لَمّا	10	لَيْلَة
11.	book	28	الْيَمَن	11	كِتاب
12.	desk	29	لَيْمون	12	مَكْتَب
13.	library	30	أَمامَ	13	مكْتَبَة
14.	kilo	31	إِمام	14	كيلو
15.	dog	32	أَيّام	15	كَلْب
16.	talk, speech			16	كَلام
17.	a word			17	كَلِمَة
18.	big (adj.)				
19.	maybe, possible (adj.)				
20.	Makkah (city), KSA				
21.	bank				
22.	king				
23.	from				
24.	money, capital				
25.	mum (coll.)				
26.	my mother (MSA)				
27.	when				
28.	Yemen				
29.	lemon				
30.	in front of				
31.	Imam (Prayer leader in Islam)				
32.	days				

Reading 1 ....

Reading 2 ....

Reading 3 ....

Connect & Write

Connect the following groups of letters in your own handwriting to make words in the space provided

17	كَ بْ ي ر		1	وَ هُ ۖ هُوَ
18	مُ مْ كِ ن		2	يَ هِ
19	مَ كَّ ة		3	مْ هُ
20	بَ نْ ك		4	أَ هْ لًا
21	مَ لِ ك		5	ا ل هِ
22	مَ نْ		6	مِ ا ي هِ
23	م ا ل		7	ثَ م ا نِ يَ ة
24	م ا م ا		8	ثَ ل ا ثَ ة
25	أُ مِّ ي		9	نَ بْ تَ ة
26	لَ مَّ ا		10	لَ يْ لَ ة
27	ا لْ يَ مَ ن		11	كِ ت ا ب
28	لَ يْ م و ن		12	مَ كْ تَ ب
29	أَ م ا مَ		13	م كْ تَ بَ ة
30	إِ م ا م		14	ك ي ل و
31	أَ يّ ا م		15	كَ لْ ب
			16	كَ ل ا م

Listen & Write

Listen & write down the words you hear with the correct vowels and pronunciation symbols

Scan to access audio

17	1
18	2
19	3
20	4
21	5
22	6
23	7
24	8
25	9
26	10
27	11
28	12
29	13
30	14
31	15
32	16

Listen, Read & Write Letter Group

5

Part 1

Listen & Repeat

Listen to the words in this letter group and repeat

17	الْخَمِيس		1	شُكَّر
18	كُسْكُس		2	سَلام
19	تونِس		3	سِتَّة
20	أَمْس		4	سِتّون
21	شاي		5	سَيِّد
22	شُكْرًا		6	سوزيا
23	شَراب		7	سَليم
24	شَمال		8	سَيّارة
25	شارِع		9	مَدْرَسة
26	جَيْش		10	أَسْوَد
27	مُسْتَشْفى		11	السّودان
28	شَهْر		12	خَمْسَة
29	شُهور		13	خَمْسون
30	عِشاء		14	السَّبْت
31	مِشْمِش		15	مَسْجِد
			16	جاسوس

Read & Write

Task 1: Read the following words aloud
Task 2: Write each word in your own handwriting followed by their phonetic transcription (as in the first example)

1	سُكَّر	sukkar	17	الْخَمِيس
2	سَلام		18	كُسْكُس
3	سِتَّة		19	تونِس
4	سِتّون		20	أَمْس
5	سَيِّد		21	شاي
6	سوزيا		22	شُكْرًا
7	سَليم		23	شَراب
8	سَيّارة		24	شَمال
9	مَدْرَسة		25	شارِع
10	أسْوَد		26	جَيْش
11	السّودان		27	مُسْتَشْفى
12	خَمْسة		28	شَهْر
13	خَمْسون		29	شُهور
14	السَّبْت		30	عِشاء
15	مَسْجِد		31	مِشْمِش
16	جاسوس			

Speed Read

Working with a partner, read the following words aloud as fast as you can while having your partner time your performance. Alternate between reading from the top down and from the bottom up. Jot down your reading speed below.

#	Word	#	Arabic	#	Arabic
1.	sugar	17	الْخَمِيس	1	سُكَّر
2.	peace	18	كُسْكُس	2	سَلام
3.	six	19	تونِس	3	سِتَّة
4.	sixty	20	أَمْس	4	سِتّون
5.	Mr. (title)	21	شاي	5	سَيِّد
6.	Syria	22	شُكْرًا	6	سوْريا
7.	sound, intact (adj.)	23	شَراب	7	سَليم
8.	car	24	شَمال	8	سَيّارة
9.	school	25	شارِع	9	مَدْرَسة
10.	black (masc.)	26	جَيْش	10	أَسْوَد
11.	Sudan	27	مُسْتَشْفى	11	السّودان
12.	five	28	شَهْر	12	خَمْسة
13.	fifty	29	شُهور	13	خَمْسون
14.	Saturday	30	عِشاء	14	السَّبْت
15.	mosque	31	مِشْمِش	15	مَسْجِد
16.	spy			16	جاسوس
17.	Thursday				
18.	couscous				
19.	Tunisia				
20.	yesterday				
21.	tea				
22.	thank you				
23.	drink				
24.	north				
25.	street				
26.	army				
27.	hospital				
28.	month				
29.	months				
30.	dinner				
31.	apricot				

Reading 1 ....

Reading 2 ....

Reading 3 ....

Connect & Write
Connect the following groups of letters in your own handwriting to make words in the space provided

#	Letters	#	Letters
1	سُ كَّ ر (سُكَّر)	17	ال خَ مِ ي س
2	سَ ل ا م	18	كُ شْ كُ س
3	سِ تَّ ة	19	ت و نِ س
4	سِ تّ و ن	20	أَ مْ س
5	سَ يِّ د	21	ش ا ي
6	س و ژ ي ا	22	شُ كْ رًا
7	س ل ي م	23	شَ ر ا ب
8	سَ يّ ا ر ة	24	ش م ا ل
9	مَ دْ رَ سَ ة	25	ش ا رِ ع
10	أَ سْ وَ د	26	جَ يْ ش
11	ال سّ و د ا ن	27	مُ سْ تَ شْ فى
12	خَ مْ سَ ة	28	شَ هْ ر
13	خَ مْ س و ن	29	شُ ه و ر
14	ال سَّ بْ ت	30	عِ ش ا ء
15	مَ سْ جِ د	31	مِ شْ مِ ش
16	ج ا س و س		

Listen & Write

Listen & write down the words you hear with the correct vowels and pronunciation symbols

Scan to access audio

17	1
18	2
19	3
20	4
21	5
22	6
23	7
24	8
25	9
26	10
27	11
28	12
29	13
30	14
31	15
	16

Listen, Read & Write
Letter Group
5

Part 2

Listen & Repeat
Listen to the words in this letter group and repeat

وُصول	11		صَباح	1
أَخْضَر	12		شِبْشِب	2
خَضْراء	13		مِصْر	3
أَبْيَض	14		صَرْصور	4
بَيْضاء	15		لِصّ	5
الدَّارُ الْبَيْضاء	16		لُصوص	6
مَريض	17		صَغير	7
الرِّياض	18		عاصِمَة	8
مِرْحاض	19		مَصْنَع	9
			وَصَلَ	10

Read & Write

Task 1: Read the following words aloud
Task 2: Write each word in your own handwriting followed by their phonetic transcription (as in the first example)

11	وُصول		1	صَباح صَباح ṣabāḥ
12	أَخْضَر		2	شِبْشِب
13	خَضْراء		3	مِصْر
14	أَبْيَض		4	صَرْصور
15	بَيْضاء		5	لِصّ
16	الدَّارُ الْبَيْضاء		6	لُصوص
17	مَريض		7	صَغير
18	الرِّياض		8	عاصِمَة
19	مِزْحاض		9	مَصْنَع
			10	وَصَلَ

Speed Read

Working with a partner, read the following words aloud as fast as you can while having your partner time your performance. Alternate between reading from the top down and from the bottom up. Jot down your reading speed below.

#	Arabic	#	Arabic
1	صَباح	11	وُصول
2	شِبْشِب	12	أَخْضَر
3	مِصْر	13	خَضْراء
4	صَرْصور	14	أبْيَض
5	لِصّ	15	بَيْضاء
6	لُصوص	16	الدَّارُ الْبَيْضاء
7	صَغير	17	مَريض
8	عاصِمَة	18	الرِّياض
9	مَصْنَع	19	مِرْحاض
10	وَصَلَ		

1. morning
2. slippers
3. Egypt
4. cockroach
5. thief
6. thieves
7. small (adj.)
8. capital (city)
9. factory
10. to arrive
11. arrival (n.)
12. green (m.)
13. green (fem.)
14. white (masc.)
15. white (fem.)
16. Casablanca, Morocco
17. patient, sick
18. Riyadh, KSA
19. toilet

Reading 1 ....
Reading 2 ....
Reading 3 ....

Connect & Write

Connect the following groups of letters in your own handwriting to make words in the space provided

1. ضَ ب ا ح   صَباح
2. شِ بْ شِ ب
3. مِ ضْ ر
4. صَ ژ ص و ر
5. صّ لِ
6. ل ص و صُ
7. صَ غ ي ر
8. ع ا صِ مَ ة
9. مَ ضْ نَ ع
10. وَ ضَ لَ
11. وُ ص و ل
12. أ خِ ضْ ر
13. خَ ض راء
14. أ بْ يَ ض
15. بَ يْ ض اء
16. ال ذَّ ا رُ - الْ بَ يْ ض اء
17. مَ ر ي ض
18. ال رِّ ي ا ض
19. مِ ژ ح ا ض

Listen & Write

Listen & write down the words you hear with the correct vowels and pronunciation symbols

Scan to access audio

1

2

3

4

5

6

7

8

9

10

11

12

13

14

15

16

17

18

19

Listen, Read & Write
Letter Group

6

ط
ظ

Listen & Repeat

Listen to the words in this letter group and repeat

15	الْخُرْطوم	1	طَويل
16	الرِّباط	2	طَماطِم
17	بَسيط	3	طَبيب
18	بَطّ	4	طَرِيّ
19	حائِط	5	طَيِّب
20	ظَهْر	6	طالِب ج. طُلاب
21	ظُهْر	7	بَطاطا
22	ظاهِر	8	موريتانيا
23	ظَلام	9	الشُّرْطَة
24	ظُلْم	10	ابْريطانْيا
25	بَعْدَ الظُّهْر	11	إيطاليا
26	أَبوظَبي	12	مَطار
27	حَظّ	13	خَطَر
28	مَحْظوظ	14	لَطيف

Read & Write

Task 1: Read the following words aloud
Task 2: Write each word in your own handwriting followed by their phonetic transcription (as in the first example)

1	طَويل	ṭawīl	15	الْخُرْطوم	
2	طَماطِم		16	الرِّباط	
3	طَبيب		17	بَسيط	
4	طَرِيّ		18	بَطّ	
5	طَيِّب		19	حائِط	
6	طالِب ج. طُلاب		20	ظَهْر	
7	بَطاطا		21	ظُهْر	
8	موريتانيا		22	ظاهِر	
9	الشُّرْطَة		23	ظَلام	
10	اِبْريطانْيا		24	ظُلْم	
11	إيطاليا		25	بَعْدَ الظُّهْر	
12	مَطار		26	أَبوظَبي	
13	خَطَر		27	حَظّ	
14	لَطيف		28	مَحْظوظ	

Speed Read

Working with a partner, read the following words aloud as fast as you can while having your partner time your performance. Alternate between reading from the top down and from the bottom up. Jot down your reading speed below.

#		#	
1	طَويل	15	الخُرْطوم
2	طَماطِم	16	الرِّباط
3	طَبيب	17	بَسيط
4	طَرِيّ	18	بَطّ
5	طَيِّب	19	حائِط
6	طالِب ج. طُلاب	20	ظَهْر
7	بَطاطا	21	ظُهْر
8	موريتانيا	22	ظاهِر
9	الشُّرْطَة	23	ظَلام
10	بْريطانْيا	24	ظُلْم
11	إيطاليا	25	بَعْدَ الظُّهْر
12	مَطار	26	أبوظَبي
13	خَطَر	27	حَظّ
14	لَطيف	28	مَحْظوظ

1. long (adj.)
2. tomatoes
3. physician
4. fresh (adj.)
5. good (adj.)
6. student (sing. / pl.)
7. potato
8. Mauritania
9. police
10. Britain
11. Italy
12. airport
13. risk, danger
14. nice (adj.)
15. Khartoum (city), Sudan
16. Rabat (city), Morocco
17. simple (adj.)
18. ducks
19. wall
20. back (body back)
21. noon
22. apparent (adj.)
23. darkness
24. injustice
25. in the afternoon
26. Abu Dhabi, UAE
27. luck
28. lucky (adj.)

Reading 1 ....
Reading 2 ....
Reading 3 ....

Connect & Write

Connect the following groups of letters in your own handwriting to make words in the space provided

#	letters	#	letters
1	ط و ي ل — طويل	15	ال خ ز ط و م
2	ظ م ا ط م	16	ال ر ب ا ط
3	ظ ب ي ب	17	ب س ي ط
4	ط ر ي ّ	18	ب ط ّ
5	ط ي ّ ب	19	ح ا ئ ط
6	ط ا ل ب	20	ظ ه ر
7	ب ط ا ط ا	21	ظ ه ر
8	م و ر ي ت ا ن ي ا	22	ظ ا و ر
9	ال ش ّ ر ط ة	23	ظ ل ا م
10	ا ب ر ي ط ا ن ي ا	24	ظ ل م
11	إ ي ط ا ل ي ا	25	ب ع د - ال ظ ه ر
12	م َ ط ا ر	26	أ ب و - ظ ب ي
13	خ َ ظ ر	27	ح َ ظ ّ
14	ل َ ط ي ف	28	م َ ح ظ و ظ

Listen & Write

Listen & write down the words you hear with the correct vowels and pronunciation symbols

Scan to access audio

15	1
16	2
17	3
18	4
19	5
20	6
21	7
22	8
23	9
24	10
25	11
26	12
27	13
28	14

Listen, Read & Write
Letter Group 7

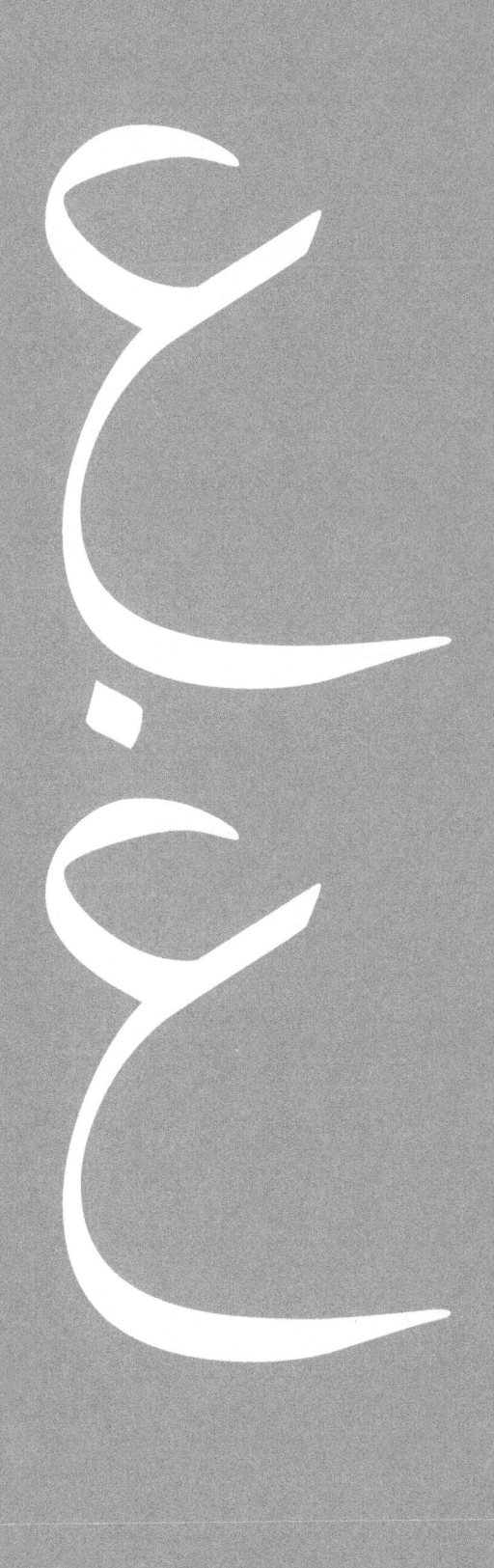

ع غ

Listen & Repeat

Listen to the words in this letter group and repeat

التّاسِع	17	عَلى	1
غَرْب	18	عِنْدَ	2
غَرْبِي/ة	19	عَمّ	3
غُروب	20	عَشَرَة	4
غَزال	21	عَرَب	5
غَضْبان	22	عَرَبِيّ/ة	6
غَنِيّ	23	العَرَبِيَّة	7
الغَرْب	24	الجُمُعَة	8
بَغْداد	25	أَرْبَعَة	9
الـمَغْرِب	26	أَرْبَعون	10
شُغْل	27	سَبْعَة	11
لُغَة	28	تِسْعَة	12
صَغير	29	تِسْعون	13
بَلاغ	30	صَعْب	14
دِماغ	31	مَمْنوع	15
		الرّابِع	16

Read & Write

Task 1: Read the following words aloud
Task 2: Write each word in your own handwriting followed by their phonetic transcription (as in the first example)

17	التّاسِع	1	عَلى ʿalā
18	غَرْب	2	عِنْدَ
19	غَرْبِي/ة	3	عَمّ
20	غُروب	4	عَشَرَة
21	غَزال	5	عَرَب
22	غَضْبان	6	عَرَبِيّ/ة
23	غَنِيّ	7	العَرَبِيَّة
24	الغَرْب	8	الجُمُعَة
25	بَغْداد	9	أَرْبَعَة
26	المَغْرِب	10	أَرْبَعون
27	شُغْل	11	سَبْعَة
28	لُغَة	12	تِسْعَة
29	صَغير	13	تِسْعون
30	بَلاغ	14	صَعْب
31	دِماغ	15	مَمْنوع
		16	الرّابع

Speed Read

Working with a partner, read the following words aloud as fast as you can while having your partner time your performance. Alternate between reading from the top down and from the bottom up. Jot down your reading speed below.

#		#	
1	عَلى	17	التّاسِع
2	عِنْدَ	18	غَرْب
3	عَمّ	19	غَرْبِي/ة
4	عَشَرَة	20	غُروب
5	عَرَب	21	غَزال
6	عَرَبِيّ/ة	22	غَضْبان
7	العَرَبِيَّة	23	غَنِيّ
8	الجُمُعَة	24	الغَرْب
9	أَرْبَعَة	25	بَغْداد
10	أَرْبَعون	26	الـمَغْرِب
11	سَبْعَة	27	شُغْل
12	تِسْعَة	28	لُغَة
13	تِسْعون	29	صَغير
14	صَعْب	30	بَلاغ
15	مَمْنوع	31	دِماغ
16	الرّابع		

1. on, on top of
2. at
3. uncle (paternal)
4. ten
5. Arabs
6. Arabic, Arab
7. The Arabic (language)
8. Friday
9. four
10. forty
11. seven
12. nine
13. ninety
14. difficult (adj.)
15. forbidden (adj.)
16. the fourth
17. the ninth
18. West
19. western
20. sunset
21. deer, gazel
22. angry (adj.)
23. rich (adj.)
24. the West
25. Baghdad, Iraq
26. Morocco
27. work
28. language
29. small (adj.)
30. notification
31. brain

Reading 1 ....
Reading 2 ....
Reading 3 ....

Connect & Write

Connect the following groups of letters in your own handwriting to make words in the space provided

#	Letters	#	Letters
1	عَ ل ى → عَلى	17	ال تّ ا سِ ع
2	عِ نْ دَ	18	غَ رْ ب
3	عَ مّ	19	غَ رْ بِ ي /ة
4	عَ شَ رَ ة	20	غُ روب
5	عَ رَ ب	21	غَ زال
6	عَ رَ بِ يّ /ة	22	غَ ضْ ب ان
7	ال عَ رَ بِ يَّ ة	23	غَ نِ يّ
8	ال جُ مُ عَ ة	24	ال غَ رْ ب
9	أ رْ بَ عَ ة	25	بَ غْ داد
10	أ رْ بَ ع ون	26	الْ مَ غْ رِ ب
11	سَ بْ عَ ة	27	شُ غْ ل
12	تِ شْ عَ ة	28	لُ غَ ة
13	تِ شْ ع ون	29	صَ غ ي ر
14	صَ غْ ب	30	بَ ل اغ
15	مَ مْ ن وع	31	دِ م اغ
16	ال رّ اب ع		

Listen & Write

Listen & write down the words you hear with the correct vowels and pronunciation symbols

Scan to access audio

1.

2.

3.

4.

5.

6.

7.

8.

9.

10.

11.

12.

13.

14.

15.

16.

17.

18.

19.

20.

21.

22.

23.

24.

25.

26.

27.

28.

29.

30.

31.

Listen, Read & Write
Letter Group 8

ف
ق

Listen & Repeat

Listen to the words in this letter group and repeat

Scan to access audio

#		#	
1	فِكْرَة	18	قِطار
2	سَفَر	19	قَليل
3	سِفارة	20	قَديم
4	مَفْتوح	21	قَمَر
5	مَقْفول	22	قَصير
6	حَفْلة	23	قَبيح
7	غُرْفَة	24	فَقير
8	صِفْر	25	دَقيقَة
9	عَفْوًا	26	ثَقيل
10	كَيْفَ	27	القاهِرَة
11	قِفْ	28	الشَّرْق الأَوْسَط
12	مَصْرَف	29	سوق
13	خَفيف	30	العِراق
14	مَتْحَف	31	فُنْدُق
15	قَبْلَ	32	فَوْقَ
16	قَهْوَة	33	أَزْرَق
17	قَطَر	34	صَديق

Read & Write

Task 1: Read the following words aloud
Task 2: Write each word in your own handwriting followed by their phonetic transcription (as in the first example)

18	قِطار	1	فِكْرَة fikra
19	قَليل	2	سَفَر
20	قَديم	3	سِفارة
21	قَمَر	4	مَفْتوح
22	قَصير	5	مَقْفول
23	قَبيح	6	حَفْلة
24	فَقير	7	غُرْفَة
25	دَقيقَة	8	صِفْر
26	ثَقيل	9	عَفْوًا
27	القاهِرَة	10	كَيْفَ
28	الشَّرْق الأَوْسَط	11	قِفْ
29	سوق	12	مَصْرَف
30	العِراق	13	خَفيف
31	فُنْدُق	14	مَتْحَف
32	فَوْق	15	قَبْلَ
33	أَزْرَق	16	قَهْوَة
34	صَديق	17	قَطَر

Speed Read

Working with a partner, read the following words aloud as fast as you can while having your partner time your performance. Alternate between reading from the top down and from the bottom up. Jot down your reading speed below.

#	Arabic	#	Arabic		#	English
1	فِكْرَة	18	قِطار		1.	idea
2	سَفَر	19	قَليل		2.	travel
3	سِفارة	20	قَديم		3.	embassy
4	مَفْتوح	21	قَمَر		4.	open (adj.)
5	مَقْفول	22	قَصير		5.	closed (adj.)
6	حَفْلة	23	قَبيح		6.	party
7	غُرْفَة	24	فَقير		7.	room
8	صِفْر	25	دَقيقَة		8.	zero
9	عَفْوًا	26	ثَقيل		9.	excuse me, you're welcome
10	كَيْفَ	27	القاهِرَة		10.	how
11	قِفْ	28	الشَّرْق الأَوْسَط		11.	Stop! (imperative v.)
12	مَصْرَف	29	سوق		12.	bank
13	خَفيف	30	العِراق		13.	light (adj.)
14	مَتْحَف	31	فُنْدُق		14.	museum
15	قَبْلَ	32	فَوْق		15.	before
16	قَهْوَة	33	أَزْرَق		16.	coffee
17	قَطَر	34	صَديق		17.	Qatar
					18.	train
					19.	few (adj.)
					20.	old (adj.)
					21.	moon
					22.	short (adj.)
					23.	ugly (adj.)
					24.	poor (adj.)
					25.	minute
					26.	heavy (adj.)
					27.	Cairo, Egypt
					28.	Middle East
					29.	Souq, market
					30.	Iraq
					31.	hotel
					32.	above
					33.	blue (masc.)
					34.	friend

Reading 1 ....
Reading 2 ....
Reading 3 ....

Connect & Write

Connect the following groups of letters in your own handwriting to make words in the space provided

1	فِ كْ رَ ة	*فِكْرَة*	18	قِ ط ا ر	
2	سَ فَ ر		19	قَ ل ي ل	
3	سِ فَ ا رة		20	قَ د ي م	
4	مَ فْ ت وح		21	قَ مَ ر	
5	مَ قْ ف ول		22	قَ ص ي ر	
6	حَ فْ ل ة		23	قَ ب ي ح	
7	غُ رْ فَ ة		24	فَ ق ي ر	
8	صِ فْ ر		25	دَ ق ي قَ ة	
9	عَ فْ وًا		26	ثَ ق ي ل	
10	كَ يْ فَ		27	ال ق ا هِ رَ ة	
11	قِ فْ		28	ال شَّ رْ ق - ال أَ وْ سَ ط	
12	مَ صْ رَ ف		29	س و ق	
13	خَ ف ي ف		30	ال عِ راق	
14	مَ ثْ حَ ف		31	فُ نْ دُ ق	
15	قَ بْ لَ		32	فَ وْ قَ	
16	قَ هْ وَ ة		33	أَزْ رَق	
17	قَ طَ ر		34	صَ د ي ق	

Listen & Write

Listen & write down the words you hear with the correct vowels and pronunciation symbols

Scan to access audio

1	18
2	19
3	20
4	21
5	22
6	23
7	24
8	25
9	26
10	27
11	28
12	29
13	30
14	31
15	32
16	33
17	34

Listen, Read & Write Letter Group 9

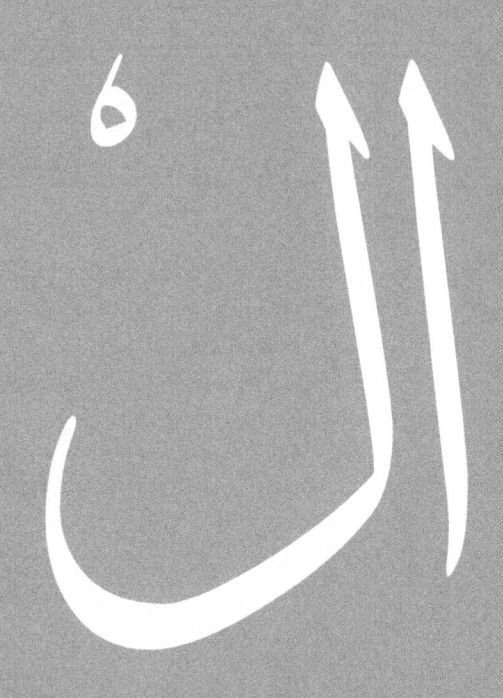

ال

Sun Letters
الحُروف القَمَريّة

Listen & Repeat
Listen to the words in this letter group and repeat

1	أُسْتاذ	←	الْأُسْتاذ
2	إِسْلام	←	الْإِسْلام
3	جَمَل	←	الْجَمَل
4	حَلْوى	←	الْحَلْوى
5	خُبْز	←	الْخُبْز
6	عِلْم	←	الْعِلْم
7	غُرفة	←	الْغُرفة
8	فُنْدُق	←	الْفُنْدُق
9	قِطار	←	الْقِطار
10	كَلِمة	←	الْكَلِمة
11	مُعَلِّم	←	الْمُعَلِّم
12	هاتِف	←	الْهاتِف
13	وَلَد	←	الْوَلَد
14	يَوْم	←	الْيَوْم

Read & Write

Task 1: Read the following words aloud
Task 2: Write each word in your own handwriting followed by their phonetic transcription (as in the first example)

1	أُسْتاذ	←	الْأُسْتاذ	الْأُسْتاذ al-'ustādh
2	إِسْلام	←	الْإِسْلام	
3	جَمَل	←	الْجَمَل	
4	حَلْوى	←	الْحَلْوى	
5	خُبْز	←	الْخُبْز	
6	عِلْم	←	الْعِلْم	
7	غُرفة	←	الْغُرفة	
8	فُنْدُق	←	الْفُنْدُق	
9	قِطار	←	الْقِطار	
10	كَلِمة	←	الْكَلِمة	
11	مُعَلِّم	←	الْمُعَلِّم	
12	هاتِف	←	الْهاتِف	
13	وَلَد	←	الْوَلَد	
14	يَوْم	←	الْيَوْم	

Speed Read

Working with a partner, read the following words aloud as fast as you can while having your partner time your performance. Alternate between reading from the top down and from the bottom up. Jot down your reading speed below.

1.	teacher (the)	1 الْأُسْتاذ
2.	Islam	2 الْإِسْلام
3.	camel (the)	3 الْجَمَل
4.	sweets, deserts (the)	4 الْحَلْوى
5.	bread (the)	5 الْخُبز
6.	knowledge (the)	6 الْعِلْم
7.	room (the)	7 الْغُرفة
8.	hotel (the)	8 الْفُنْدُق
9.	train (the)	9 الْقِطار
10.	word (the)	10 الْكَلِمة
11.	teacher (the)	11 الْمُعَلِّم
12.	telephone (the)	12 الْهاتِف
13.	son, boy (the)	13 الْوَلَد
14.	day, today	14 الْيَوْم

Reading 1 ....
Reading 2 ....
Reading 3 ....

Listen & Write

Listen & write down the words you hear with the correct vowels and pronunciation symbols

Scan to access audio

1
2
3
4
5
6
7
8
9
10
11
12
13
14

Listen & Repeat
Listen to the words in this letter group and repeat

Assimilation of Moon Letters & The Connecting Hamzah

1	فِي الْمَدْرَسَة	at school
2	مَعَ الْأُسْتاذ	with the teacher
3	عَلَى الْجَمَل	on top of the camel
4	بِالْخُبْز	with bread
5	مَعَ الْوَلَد	with the boy
6	بَعْدَ الْيَوْم	after today
7	فِي الْغُرْفَة	in the room
8	مَعَ الْحَلْوى	with dessert/sweets
9	بَعْدَ الْفَصْل	after the class

Listen, Read & Write
Letter Group 10

الْ

Sun Letters
الحُروف الشَّمْسيّة

Listen & Repeat

Listen to the words in this letter group and repeat

التَّاجِر	←	تاجِر	1
الثَّلَّاجَة	←	ثَلَّاجَة	2
الدِّين	←	دين	3
الذَّهَب	←	ذَهَب	4
الرِّحْلة	←	رِحْلَة	5
الزُّجاجَة	←	زُجاجَة	6
السَّرير	←	سَرير	7
الشَّمْس	←	شَمْس	8
الصَّحْراء	←	صَحْراء	9
الضَّوْء	←	ضَوْء	10
الطَّبيب	←	طبيب	11
الظُّهْر	←	ظُهْر	12
اللَّيْل	←	لَيْل	13
النُّور	←	نور	14

Read & Write

Task 1: Read the following words aloud
Task 2: Write each word in your own handwriting followed by their phonetic transcription (as in the first example)

1	تاجِر	⇐	التّاجِر	التّاجِر al-tājir
2	ثَلّاجَة	⇐	الثَّلّاجَة	
3	دين	⇐	الدّين	
4	ذَهَب	⇐	الذَّهَب	
5	رِحْلَة	⇐	الرِّحْلة	
6	زُجاجَة	⇐	الزُّجاجَة	
7	سَرير	⇐	السَّرير	
8	شَمْس	⇐	الشَّمْس	
9	صَحْراء	⇐	الصَّحْراء	
10	ضَوْء	⇐	الضَّوْء	
11	طَبيب	⇐	الطَّبيب	
12	ظُهْر	⇐	الظُّهْر	
13	لَيْل	⇐	اللَّيْل	
14	نور	⇐	النّور	

Speed Read

Working with a partner, read the following words aloud as fast as you can while having your partner time your performance. Alternate between reading from the top down and from the bottom up. Jot down your reading speed below.

1	تاجِر	←	التَّاجِر
2	ثَلّاجَة	←	الثَّلّاجَة
3	دين	←	الدّين
4	ذَهَب	←	الذَّهَب
5	رِحْلَة	←	الرِّحْلَة
6	زُجاجَة	←	الزُّجاجَة
7	سَرير	←	السَّرير
8	شَمْس	←	الشَّمْس
9	صَحْراء	←	الصَّحْراء
10	ضَوْء	←	الضَّوْء
11	طبيب	←	الطَّبيب
12	ظُهْر	←	الظُّهْر
13	لَيْل	←	اللَّيْل
14	نور	←	النّور

1. trader (the)
2. fridge (the)
3. religion (the)
4. gold (the)
5. trip, journey (the)
6. glass (the)
7. bed (the)
8. sun (the)
9. Sahara (desert) (the)
10. light (the)
11. medical doctor (the)
12. noon
13. night (the)
14. light (the)

Reading 1 ....
Reading 2 ....
Reading 3 ....

Listen & Write

Listen & write down the words you hear with the correct vowels and pronunciation symbols

1.
2.
3.
4.
5.
6.
7.
8.
9.
10.
11.
12.
13.
14.

Scan to access audio

Listen & Repeat
Listen to the words in this letter group and repeat

Scan to access audio

Assimilation of Sun Letters & The Connecting Hamzah

1	فِي الصَّباح	In the morning
2	مَعَ السَّلامَة	good buy
3	فِي السَّيّارة	In the car
4	فِي الصَّيْف	in summer
5	فِي الشّاطِئ	at the beach
6	فِي الصّين	In China
7	بِالسُّكَّر	with sugar
8	بَعْدَ الظُّهْر	afternoon
9	وَعَلَيْكُم السَّلام	Peace be upon you too (a typical reply to السلام عليكم)
10	بِالصِّحَّة	Cheers, with health
11	فَوْقَ التَّل	above the hill
12	أَثْناء الدَّرْس	during the lesson

Listen, Read & Write
Letter Group

11

لا

Lām Alif
لام ألف

Listen & Repeat

Listen to the words in this letter group and repeat

11	طُلّاب	1	لا
12	ثَلاثَة	2	لاعِب
13	ثَلّاجَة	3	لازِم
14	مَلاعِب	4	كَلام
15	فَلافِل	5	سَلام
16	مَلايين	6	حَلال
17	مَعَ السَّلامَة	7	هِلال
18	السَّلامُ عَلَيْكُم	8	كِلاب
19	أَهْلًا وَسَهْلًا	9	فَلّاح
20	لا إِله إِلّا الله	10	شَلّال

Read & Write

Task 1: Read the following words aloud
Task 2: Write each word in your own handwriting followed by their phonetic transcription (as in the first example)

11	طُلّاب	1	لا lā
12	ثَلاثَة	2	لاعِب
13	ثَلّاجَة	3	لازِم
14	مَلاعِب	4	كَلام
15	فَلافِل	5	سَلام
16	مَلايين	6	حَلال
17	مَعَ السَّلامَة	7	هِلال
18	السَّلامُ عَلَيْكُم	8	كِلاب
19	أَهْلًا وَسَهْلًا	9	فَلّاح
20	لا إله إلّا الله	10	شَلّال

Speed Read

Working with a partner, read the following words aloud as fast as you can while having your partner time your performance. Alternate between reading from the top down and from the bottom up. Jot down your reading speed below.

11	طُلّاب		1	لا
12	ثَلاثَة		2	لاعِب
13	ثَلّاجَة		3	لازِم
14	مَلاعِب		4	كَلام
15	فَلافِل		5	سَلام
16	مَلايين		6	حَلال
17	مَعَ السَّلامَة		7	هِلال
18	السَّلامُ عَلَيْكُم		8	كِلاب
19	أَهْلًا وَسَهْلًا		9	فَلّاح
20	لا إله إلّا الله		10	شَلّال

1. no (negation noun)
2. player
3. must
4. speech
5. peace
6. Halal (permissible)
7. crescent
8. dogs
9. farmer
10. waterfall
11. students
12. three
13. fridge
14. playgrounds
15. Falafel
16. millions
17. goodbye (lit. with peace)
18. Hello (lit. peace be with you)
19. hello and welcome
20. There is no god/deity but Allah (God) (known as the Shahadah, it is an Islamic oath and one of the Five Pillars of Islam)

Reading 1 ....
Reading 2 ....
Reading 3 ....

Read & Write

Task 1: Read the following words aloud
Task 2: Write each word in your own handwriting followed by their phonetic transcription (as in the first example)

1. ا ل
2. ل ا عِ ب
3. ل ا زِ م
4. كَ ل ا م
5. سَ ل ا م
6. خ ا ل
7. هِ ا ل
8. بِ ا ل كِ
9. فَ ل ا ّ ح
10. شَ ل ا ّ ل

11. ظُ ل ا ّ ب
12. ثَ ل ا ثَ ة
13. ثَ ل ا ّ جَ ة
14. مَ ل ا عِ ب
15. فَ ل ا فِ ل
16. مَ ل ا ي ي ن

Listen & Write

Listen & write down the words you hear with the correct vowels and pronunciation symbols

Scan to access audio

11 _____	1 _____
12 _____	2 _____
13 _____	3 _____
14 _____	4 _____
15 _____	5 _____
16 _____	6 _____
17 _____	7 _____
18 _____	8 _____
19 _____	9 _____
20 _____	10 _____

Listen, Read & Write
Letter Group
12

ء أ ا ئ ؤ و

Listen & Repeat

Listen to the words in this letter group and repeat

أَطِبّاء	18	ماء	1
بَيْضاء	19	جاءَ	2
حَمْراء	20	سَماء	3
فيزْياء	21	مَساء	4
كَهْرَباء	22	عَشاء	5
ضَوْء	23	دَواء	6
شَيْء	24	هَواء	7
عِبْء	25	فَضاء	8
سَيِّئ	26	دُعاء	9
بَطيء	27	شِتاء	10
وُضوء	28	بِناء	11
هُدوء	29	شِفاء	12
أَصْدِقاء	30	شِواء	13
قِراءَة	31	كيمْياء	14
بَراءَة	32	الثُّلاثاء	15
تَساءَل	33	الأَرْبِعاء	16
إِنْ شاءَ الله	34	وُزَراء	17

Hamza on the line
الهَمْزة على السَّطْر

Read & Write

Task 1: Read the following words aloud
Task 2: Write each word in your own handwriting followed by their phonetic transcription (as in the first example)

أَطِبّاء	18	ماء mā'	ماء	1
بَيْضاء	19		جاءَ	2
حَمْراء	20		سَماء	3
فيزْياء	21		مَساء	4
كَهْرَباء	22		عَشاء	5
ضَوْء	23		دَواء	6
شَيْء	24		هَواء	7
عِبْء	25		فَضاء	8
سَيِّئ	26		دُعاء	9
بَطيء	27		شِتاء	10
وُضوء	28		بِناء	11
هُدوء	29		شِفاء	12
أَصْدِقاء	30		شِواء	13
قِراءَة	31		كيمْياء	14
بَراءَة	32		الثُّلاثاء	15
تَساءَل	33		الأَرْبِعاء	16
إِنْ شاءَ الله	34		وُزَراء	17

Speed Read

Working with a partner, read the following words aloud as fast as you can while having your partner time your performance. Alternate between reading from the top down and from the bottom up. Jot down your reading speed below.

#	English		#	Arabic	#	Arabic
1.	water		18	أَطِبّاء	1	ماء
2.	to come (v.)		19	بَيْضاء	2	جاءَ
3.	sky		20	حَمْراء	3	سَماء
4.	evening		21	فيزْياء	4	مَساء
5.	dinner		22	كَهْرَباء	5	عَشاء
6.	medicine		23	ضَوْء	6	دَواء
7.	air		24	شَيْء	7	هَواء
8.	space		25	عِبْء	8	فَضاء
9.	a prayer, supplication		26	سَيِّئ	9	دُعاء
10.	winter		27	بَطيء	10	شِتاء
11.	building		28	وُضوء	11	بِناء
12.	healing		29	هُدوء	12	شِفاء
13.	barbeque		30	أَصْدِقاء	13	شِواء
14.	chemistry		31	قِراءَة	14	كيمْياء
15.	Tuesday		32	بَراءَة	15	الثُّلاثاء
16.	Wednesday		33	تَساءَل	16	الأَرْبِعاء
17.	ministers		34	إنْ شاءَ الله	17	وُزَراء
18.	doctors					
19.	white (fem.)					
20.	red (fem.)					
21.	physics					
22.	electricity					
23.	light					
24.	thing, something					
25.	burden					
26.	bad					
27.	slow					
28.	ablution					
29.	calmness					
30.	friends					
31.	reading					
32.	innocence					
33.	to question so.					
34.	hopefully (lit. If Allah Wills)					

Reading 1 ....
Reading 2 ....
Reading 3 ....

Listen & Write

Listen & write down the words you hear with the correct vowels and pronunciation symbols

Scan to access audio

Listen & Repeat

Listen to the words in this letter group and repeat

Scan to access audio

أَمَل	16	أنا	1
أَلَم	17	أَيْنَ	2
أَمير	18	أَنْتَ	3
أَهْلاً	19	أَخ	4
أَمْس	20	أَب	5
أَرْض	21	أُخْت	6
أَرْبَعَة	22	أُمّ	7
أبوظَبي	23	أَسَد	8
أوروبا	24	أَلْف	9
بَدَأَ	25	أُسْتاذ	10
قَرَأَ	26	أُسْبوع	11
رَأى	27	أَزْرَق	12
رَأْس	28	أَحْمَر	13
تَأْشيرة	29	أَبْيَض	14
المَرْأة	30	أَصْفَر	15

Hamza above the Alif
الهَمْزة على الألف

Read & Write

Task 1: Read the following words aloud
Task 2: Write each word in your own handwriting followed by their phonetic transcription (as in the first example)

16	أَمَل		1	أنا أنا ʾanā
17	أَلَم		2	أَيْنَ
18	أَمير		3	أَنْتَ
19	أَهْلاً		4	أَخ
20	أَمْس		5	أَب
21	أَرْض		6	أُخْت
22	أَرْبَعة		7	أُمّ
23	أَبوظَبي		8	أَسَد
24	أوروبا		9	أَلف
25	بَدَأ		10	أُسْتاذ
26	قَرَأ		11	أُسْبوع
27	رَأى		12	أَزْرَق
28	رَأْس		13	أَحْمَر
29	تَأْشيرة		14	أَبْيَض
30	المَرْأة		15	أَصْفَر

Speed Read

Working with a partner, read the following words aloud as fast as you can while having your partner time your performance. Alternate between reading from the top down and from the bottom up. Jot down your reading speed below.

#	English		#	Arabic	#	Arabic
1.	I		16	أَمَل	1	أَنا
2.	where		17	أَلَم	2	أَيْنَ
3.	you (masc.)		18	أَمير	3	أَنْتَ
4.	brother		19	أَهْلاً	4	أَخ
5.	father		20	أَمْس	5	أَب
6.	sister		21	أَرْض	6	أُخْت
7.	mother		22	أَرْبَعة	7	أُمّ
8.	lion		23	أبوظَبي	8	أَسَد
9.	a thousand		24	أوروبا	9	أَلْف
10.	Mr		25	بَدَأَ	10	أُسْتاذ
11.	week		26	قَرَأَ	11	أُسْبوع
12.	blue		27	رَأى	12	أَزْرَق
13.	red		28	رَأْس	13	أَحْمَر
14.	white		29	تَأْشيرة	14	أَبْيَض
15.	yellow		30	المَرْأة	15	أَصْفَر
16.	hope					
17.	pain					
18.	prince, Emir					
19.	hello (Arabic greeting)					
20.	yesterday					
21.	land, earth					
22.	four					
23.	Abu Dhabi city					
24.	Europe					
25.	to begin (v.)					
26.	to read (v.)					
27.	opinion					
28.	head					
29.	visa					
30.	the woman					

Reading 1 ....
Reading 2 ....
Reading 3 ....

Listen & Write

Listen & write down the words you hear with the correct vowels and pronunciation symbols

Scan to access audio

Listen & Repeat

Listen to the words in this letter group and repeat

Scan to access audio

Hamza below the Alif
الهَمْزة تحت الألف

13	إِحْسان	1	إلى
14	إبراهيم	2	إلّا
15	إِنْتِرْنِت	3	إله
16	إِنْكِلْتِرا	4	إيران
17	إيزْلَنْدا	5	إمام
18	إسْرائيل	6	إنْسان
19	إيطاليا	7	إيجار
20	الإمارات	8	إيمان
21	الإسلام	9	إجابة
22	إِلِكْترونيّ	10	إجازَة
23	إِمْبراطوريّة	11	إخْوَة
24	لا إله إلّا الله	12	إفْطار

Read & Write

Task 1: Read the following words aloud
Task 2: Write each word in your own handwriting followed by their phonetic transcription (as in the first example)

13	إِحْسان		1	إلى	'ilā إلى
14	إبراهيم		2	إلّا	
15	إِنْتِرْنِت		3	إله	
16	إِنْكِلْتِرا		4	إيران	
17	إيزْلَنْدا		5	إمام	
18	إسْرائيل		6	إنْسان	
19	إيطاليا		7	إيجار	
20	الإمارات		8	إيمان	
21	الإسلام		9	إجابَة	
22	إِلِكْتْروني		10	إجازَة	
23	إِمْبْراطوريّة		11	إخْوَة	
24	لا إله إلّا الله		12	إفْطار	

Speed Read

Working with a partner, read the following words aloud as fast as you can while having your partner time your performance. Alternate between reading from the top down and from the bottom up. Jot down your reading speed below.

13	إِحْسان		1	إِلى	
14	إِبْراهيم		2	إِلّا	
15	إِنْتِرْنِت		3	إِله	
16	إِنْكِلْتِرا		4	إيران	
17	إيزْلَنْدا		5	إِمام	
18	إِسْرائيل		6	إِنْسان	
19	إيطاليا		7	إيجار	
20	الإمارات		8	إيمان	
21	الإسْلام		9	إِجابة	
22	إِلِكْتْرونِيّ		10	إِجازة	
23	إِمْبْراطورِيّة		11	إِخْوة	
24	لا إِله إِلّا الله		12	إِفْطار	

1. to, towards
2. unless, except
3. god, deity
4. Iran
5. Imam (Prayer leader in Islam)
6. human being
7. rent
8. faith
9. answer
10. vacation
11. brothers
12. breakfast
13. perfection
14. Ibrahim or Abraham (the name of one of the most important prophets in history)
15. Internet
16. England
17. Ireland
18. Israel
19. Italy
20. The UAE
21. Islam
22. electronic
23. empire
24. There is no god/deity but Allah (God) (known as the Shahadah, it is an Islamic oath and one of the Five Pillars of Islam)

Reading 1 ....
Reading 2 ....
Reading 3 ....

Listen & Write

Listen & write down the words you hear with the correct vowels and pronunciation symbols

Scan to access audio

13 _____	1 _____
14 _____	2 _____
15 _____	3 _____
16 _____	4 _____
17 _____	5 _____
18 _____	6 _____
19 _____	7 _____
20 _____	8 _____
21 _____	9 _____
22 _____	10 _____
23 _____	11 _____
24 _____	12 _____

Listen & Repeat

Listen to the words in this letter group and repeat

Scan to access audio

الجَزائِر	14	مِئة	1
فوائِد	15	بِئْر	2
قارِئ	16	عائِلة	3
لاجِئ	17	حائِط	4
هادِئ	18	دائِمًا	5
دافِئ	19	رَئيس	6
شاطِئ	20	سائِح	7
خاطِئ	21	بائِع	8
مُبْتَدِئ	22	فائِز	9
مَوانِئ	23	طائِرة	10
نِهائيّ	24	مِئْذَنة	11
أَصْدِقائي	25	أَسْئِلة	12
هَنيئًا	26	مائِدة	13

Hamza above the Yā'

الهَمْزة على الياء

Read & Write

Task 1: Read the following words aloud
Task 2: Write each word in your own handwriting followed by their phonetic transcription (as in the first example)

14	الجَزائِر		1	مِئة mi'a مِئة
15	فوائِد		2	بِئْر
16	قارِئ		3	عائِلة
17	لاجِئ		4	حائِط
18	هادِئ		5	دائِمًا
19	دافِئ		6	رَئيس
20	شاطِئ		7	سائِح
21	خاطِئ		8	بائِع
22	مُبْتَدِئ		9	فائِز
23	مَوانِئ		10	طائِرة
24	نِهائِيّ		11	مِئْذَنة
25	أَصْدِقائي		12	أَسْئِلة
26	هَنيئًا		13	مائِدة

Speed Read

Working with a partner, read the following words aloud as fast as you can while having your partner time your performance. Alternate between reading from the top down and from the bottom up. Jot down your reading speed below.

1. a hundred
2. a well
3. family
4. wall
5. always
6. president
7. tourist
8. Seller
9. winner
10. airplane
11. minaret
12. questions
13. table
14. Algeria
15. benefits
16. a reader
17. refugee
18. calm
19. warm
20. shore
21. wrong, fake
22. junior, beginner
23. sea ports
24. ultimate, final
25. my friends
26. congratulations

1	مِئة	14	الجَزائِر
2	بِئْر	15	فوائِد
3	عائِلة	16	قارِئ
4	حائِط	17	لاجِئ
5	دائِمًا	18	هادِئ
6	رَئيس	19	دافِئ
7	سائِح	20	شاطِئ
8	بائِع	21	خاطِئ
9	فائِز	22	مُبْتَدِئ
10	طائِرة	23	مَوانِئ
11	مِئْذَنة	24	نِهائِيّ
12	أسْئِلة	25	أَصْدِقائي
13	مائِدة	26	هَنيئًا

Reading 1 ....
Reading 2 ....
Reading 3 ....

Listen & Write

Listen & write down the words you hear with the correct vowels and pronunciation symbols

Listen & Repeat

Listen to the words in this letter group and repeat

Scan to access audio

12	مَسْؤول	1	سُؤال
13	مَرْؤوس	2	فُؤاد
14	لُؤْلُؤ	3	كُؤوس
15	رُؤْيَة	4	رُؤوس
16	مُؤْمِن	5	شُؤون
17	مُؤْلِم	6	فُؤوس
18	مُؤْسِف	7	بُؤَساء
19	مُؤْنِس	8	رُؤَساء
20	مُؤَلِّف	9	مُؤَسِّس
21	مُؤَقَّت	10	مُؤَسَّسة
22	مُؤَنَّث	11	تَشاؤُم

Hamza above the Wāw
الهَمْزة على الواو

Read & Write

Task 1: Read the following words aloud
Task 2: Write each word in your own handwriting followed by their phonetic transcription (as in the first example)

12	مَسْؤُول	1	سُؤَال su'āl	
13	مَرْؤُوس	2	فُؤَاد	
14	لُؤْلُؤ	3	كُؤُوس	
15	رُؤْيَة	4	رُؤُوس	
16	مُؤْمِن	5	شُؤُون	
17	مُؤْلِم	6	فُؤُوس	
18	مُؤْسِف	7	بُؤَساء	
19	مُؤْنِس	8	رُؤَساء	
20	مُؤَلِّف	9	مُؤَسِّس	
21	مُؤَقَّت	10	مُؤَسَّسَة	
22	مُؤَنَّث	11	تَشاؤُم	

Speed Read

Working with a partner, read the following words aloud as fast as you can while having your partner time your performance. Alternate between reading from the top down and from the bottom up. Jot down your reading speed below.

12	مَسْؤُول		1	سُؤَال
13	مَرْؤُوس		2	فُؤَاد
14	لُؤْلُؤ		3	كُؤُوس
15	رُؤْيَة		4	رُؤُوس
16	مُؤْمِن		5	شُؤُون
17	مُؤْلِم		6	فُؤُوس
18	مُؤْسِف		7	بُؤَساء
19	مُؤْنِس		8	رُؤَساء
20	مُؤَلِّف		9	مُؤَسِّس
21	مُؤَقَّت		10	مُؤَسَّسَة
22	مُؤَنَّث		11	تَشاؤُم

1. question
2. Fuad is a masculine Arabic given name, meaning "heart"
3. cups
4. heads
5. affairs
6. axes
7. Miserables
8. presidents
9. founder
10. institution
11. pessimism
12. responsible
13. subordinate
14. pearls
15. vision
16. believer
17. painful
18. regrettable
19. sociable
20. author
21. temporary
22. feminine

Reading 1 ....
Reading 2 ....
Reading 3 ....

Listen & Write

Listen & write down the words you hear with the correct vowels and pronunciation symbols

A-Z Vocabulary Index

A
Z

A		B	
وُضوء	ablution	ظَهْر	back
فَوْق	above	سَيِّئ	bad
أَبوظَبي	Abu Dhabi city	بَغْداد	Baghdad, Iraq
شُؤون	affairs	البَحْرَيْن	Bahrain
هَواء	air	بَنْك	bank
طائِرة	airplane	مَصْرَف	bank
مَطار	airport	شِواء	barbeque
الجَزيرة	Al Jazeera (or the island)	بَزار	bazar
الجَبْر	Algebra	السَّرير	bed (the)
الجَزائِر	Algeria	قَبْلَ	before
دائِمًا	always	مُؤْمِن	believer
غَضْبان	angry (adj.)	فوائِد	benefits
إجابَة	answer	توت	berries
ظاهِر	apparent (adj.)	بَيْنَ	between
مِشْمِش	apricot	كَبير	big (adj.)
عَرَبيّ/ة	Arabic, Arab	أسْوَد	black
عَرَب	Arabs	أزْرَق	blue (masc.)
العَرَبِيَّة	Arabic (language)	كِتاب	book
جَيْش	army	حُدود	borders
وُصول	arrival (n.)	دِماغ	brain
عِنْدَ	at	خُبْز	bread
مُؤَلِّف	author	الحَلْوى	bread
فُؤوس	axes	إفْطار	breakfast
		بْريطانْيا	Britain

أَخ	brother	**D**	
إِخْوَة	brothers	ظَلام	darkness
بِناء	building	حَبيب	darling, beloved
عِبْء	burden	الْوَلَد	day, today
جَزّار	butcher	أَيّام	days
C		دين	debt
القاهِرَة	Cairo, Egypt	غَزال	deer, gazel
هُدوء	calmness	لَذيذ	delicious
هادِئ	calm	مَكْتَب	desk
الإِبْل	camel	صَعْب	difficult (adj.)
عاصِمة	capital (city)	عِشاء	dinner
سَيّارة	car	أَطِبّاء	doctors
جَزَر	carrots	كَلْب	dog
الدّارُ الْبَيْضاء	Casablanca, Morocco	كِلاب	dogs
كيمْياء	chemistry	الدَّوْحَة	Doha (city)
دَجاج	chicken	باب	door
مَقْفول	closed (adj.)	شَراب	drink
ثَوْب	cloth, garment	دُبَي	Dubai (city)
صَرْصور	cockroach	بَطّ	ducks
قَهْوَة	coffee	**E**	
بَرْد	cold (n.)	مِصْر	Egypt
هَنيئًا	congratulations	ثَمانِيَة	eight
بارِد	cool, cold (adj.)	كَهْرَباء	electricity
بَلَد	country	إِلِكْتْرونيّ	electronic
كُشْكُس	couscous	سِفارة	embassy
هِلال	crescent		
كُؤوس	cups		

إِمْبَراطوريّة	empire	ثَلّاجَة	fridge
إِنْكِلْترا	England	صَديق	friend
أوروبا	Europe	أَصْدِقاء	friends
مَساء	evening	مَنْ	from
عَفْواً	excuse me, you're welcome	فُؤاد	Fuad is a masculine Arabic given name, meaning "heart"
خُروج	exit	أَثاث	furniture

F

G

مَصْنَع	factory	بِنْت	girl, daughter
إيمان	faith	بَنات	girls, daughters
فَلافِل	falafel	الزُّجاجَة	glass (the)
عائِلة	family	إله	god, deity
فَلّاح	farmer	الذَّهَب	gold (the)
أَب	father	طَيِّب	good (adj.)
مُؤَنَّث	feminine	مَعَ السَّلامَة	goodbye (lit. with peace)
قَليل	few (adj.)	حُبوب	grains
خَمْسون	fifty	جَدّ	grandfather
تين	figs	جَدَّة	grandmother
خَمْسة	five	خَضْراء	green (fem.)
وَرْد	flowers	أَخْضَر	green (masc.)
مَمْنوع	forbidden (adj.)		

H

أَرْبَعون	forty	حَلال	Halal (permissible)
مُؤَسِّس	founder	تِبْن	hay
أَرْبَعة	four	هُوَ	he
الرّابِع	fourth (the)	رَأْس	head
طَرِيّ	fresh (adj.)	رُؤوس	heads
الجُمْعة	Friday	شِفاء	healing

ثَقيل	heavy (adj.)	بَراءَة	innocence
أَهْلاً	hello (Arabic greeting)	مُؤَسَّسة	institution
السَّلامُ عَلَيْكُم	Hello (lit. peace be with you)	إنْتِرْنت	Internet
أَهْلًا وَسَهْلًا	hello and welcome	إيران	Iran
أَمَل	hope	العِراق	Iraq
إنْ شاء الله	hopefully (lit. If Allah Wills)	إيزلَنْدا	Ireland
مُسْتَشْفى	hospital	الإسلام	Islam
فُنْدُق	hotel	إشرائيل	Israel
الْغُرفة	hotel	إيطاليا	Italy
بَيْت	house	**J**	
دار	house	مُبْتَدِئ	junior, beginner
كَيْفَ	how	**K**	
إنْسان	human being	الخُرْطوم	Khartoum (city), Sudan
مِئة	hundred	كيلو	kilo
زَوْج	husband	مَلِك	king
I		الْخُبز	bread (the)
أنا	I (1st person)	**L**	
إبراهيم	Ibrahim or Abraham (the name of one of the most important prophets in history)	أَرْض	land, earth
فِكْرة	idea	لُغَة	language
إذا	if	لَيْمون	lemon
إمام	Imam (Prayer leader in Islam)	مكْتَبة	library
أَمامَ	in front of	النّور	light (the)
بَعْدَ الظُّهْر	in the afternoon	ضَوْء	light
ظُلْم	injustice	خَفيف	light (weight)

أَسَد	lion	ماما	mum (coll.)
طَويل	long (adj.)	مَتْحَف	museum
حُبّ	love	لازِم	must
حَظّ	luck	بابا	my dad (Coll.)
مَحْظوظ	lucky (adj.)	بابي	my door

M

		أَبي	my father
بَريد	mail, post	أَصْدِقائي	my friends
مَكَّة	Makkah (city), KSA	أُمّي	my mother (MSA)
موريتانيا	Mauritania		

N

مُمْكِن	maybe, possible (adj.)	جَديد	new
الطَّبيب	medical doctor	خَبَر	news (single)
دَواء	medicine	أَخْبار	news (plural)
الشَّرْق الأَوْسَط	Middle East	لَطيف	nice (adj.)
مَلايين	millions	لَيْلَة	night (a)
مِئْذَنة	minaret	اللَّيل	night
وَزير	minister	تِسْعَة	nine
وُزَراء	ministers	التّاسِع	ninth (the)
دَقيقَة	minute	تِسعون	ninety
بُؤَساء	Miserables	لا	no (negation noun)
مال	money, capital	ظُهْر	noon
شَهْر	month	شَمال	north
شُهور	months	بَلاغ	notification
قَمَر	moon		

O

صَباح	morning	زَيْت	oil
المَغْرِب	Morocco	قَديم	old (adj.)
مَسجِد	mosque	زَيْتون	olive
أُمّ	mother	عَلى	on, on top of
		واحِد	one

مَفْتوح	open (adj.)		**Q**
رَأي	opinion	قَطَر	Qatar
	P	سُؤال	question
أَلَم	pain	أَسْئِلة	questions
مُؤْلِم	painful		**R**
حَفْلة	party	الرِّباط	Rabat (city), Morocco
مَريض	patient, sick	زَبيب	raisins
سَلام	peace	قارِئ	reader
خوخ	peach	قِراءة	reading
لُؤْلُؤ	pearls	أَحْمَر	red (masc.)
إحْسان	perfection	حَمْراء	red (fem.)
تَشاؤُم	pessimism	لاجِئ	refugee
طَبيب	physician	مُؤْسِف	regrettable
فيزْياء	physics	الدِّين	religion
نَبات	plant	إيجار	rent
نَبْتة	plant (a)	مَسْؤول	responsible
نَباتات	plants	أَرُزّ	rice
لاعِب	player	غَنِيّ	rich (adj.)
مَلاعِب	playgrounds	خَطَر	risk, danger
الشُّرْطة	police	الرِّياض	Riyadh, KSA
فَقير	poor (adj.)	غُرْفة	room
بَطاطا	potato	الْعِلْم	knowledge (the)
دُعاء	prayer, supplication	وَرْدة	rose
رَئيس	president	وُرود	roses
رُؤَساء	presidents		**S**
أَمير	prince, Emir	الصَّحْراء	Sahara (desert)
		السَّبْت	Saturday

مَدْرَسَة	school	جاسوس	spy
بَحْر	sea	قِفْ	Stop! (imperative v.)
مَوانِئ	sea ports	شارع	street
بائِع	Seller	طالِب ج. طُلاب	student (sing. / pl.)
سَبْعَة	seven	طُلّاب	students
هِيَ	she	مَرْؤوس	subordinate
تابَتْ	she repented	السّودان	Sudan
باتَت	she slept	سُكَّر	sugar
شاطِئ	shore	الشَّمْس	sun
قَصير	short (adj.)	غُروب	sunset
بَسيط	simple (adj.)	حُلْو	sweet
أُخْت	sister	الْجَمَل	camel (the)
سِتَّة	six	سوريا	Syria

T

سِتّون	sixty	مائِدَة	table
سَماء	sky	كَلام	talk, speech
شِبْشِب	slippers	شاي	tea
بَطيء	slow	الْأُستاذ	teacher
صَغير	small (adj.)	الْكَلِمة	word (the)
ثَلْج	snow	الْيَوْم	today, the day
مُؤْنِس	sociable	الْمُعَلِّم	teacher
إِبْن	son	مُؤَقَّت	temporary
الْهاتِف	phone	عَشَرَة	ten
سَليم	sound, intact (adj.)	شُكْراً	thank you
سوق	Souq, market	لا إله إلّا الله	There is no deity but Allah (God) (known as the Shahadah, it is an Islamic oath and one of the Five Pillars of Islam)
فَضاء	space		
كَلام	Speech	هُمْ	they

اِزْدادوا	they increased (m. pl.)	اِثْنان	two
		U	
لِصّ	thief		
لُصوص	thieves	قَبيح	ugly (adj.)
شَيْء	thing, something	نِهائيّ	ultimate, final
أَلْف	thousand	عَمّ	uncle (paternal)
ثَلاثة	three	تَحْت	under
الخَميس	Thursday	إلّا	unless, except
وَصَل	to arrive	الإمارات	United Arab Emirates
بَدَأ	to begin (v.)	**V**	
جاء	to come (v.)	إجازة	vacation
ثَبَتَ	to prove st.	وادي	valley
تَساءَل	to question so.	حِجاب	veil
قَرَأ	to read (v.)	تَأْشيرة	visa
تابَ	to repent	رُؤْيَة	vision
باتَ	to sleep, spend the night in	**W**	
زارَ	to visit	حائط	wall
إلى	to, towards	دافِئ	warm
مِرْحاض	toilet	ماء	water
طَماطِم	tomatoes	شَلّال	waterfall
سائِح	tourist	مِياه	waters
التّاجِر	trader	نَحْنُ	we
قِطار	train	الأَرْبِعاء	Wednesday
الفُنْدُق	train	أُسْبوع	week
سَفَر	travel	أَهْلًا	welcome
الرِّحْلة	trip, journey	بِئْر	well
الثُّلاثاء	Tuesday	غَرْب	West
تونِس	Tunisia		

غَرْبِي/ة	western
الغَرْب	West (the)
لَمّا	when
أَيْنَ	where
أَبْيَض	white (masc.)
بَيْضاء	white (fem.)
أَبْيَض	white (masc.)
زَوْجَة	wife
رِيح	wind
فائِز	winner
شِتاء	winter
القِطار	train (the)
المَرْأة	woman (the)
كَلِمَة	word (a)
شُغْل	work
أَديب	writer, literary figure
خاطِئ	wrong, fake
أَصْفَر	yellow
اليَمَن	Yemen
أَمْس	yesterday
أَنْتَ	You (masc.)

W

صِفْر	zero

Dedicated to

My wonderful boys Taha and Yasin, who both make me the proudest father, and to my beautiful wife, Shabana, to whom every book I write is dedicated, unconditionally!

Acknowledgments

I would like to express my gratitude to all my students and colleagues for their generous and valuable suggestions, corrections, support and encouragement in this venture. I am indebted specifically to Samantha Walters from the U. of Edinburgh.

Any shortcomings remaining in this book are entirely my own.

Final Words

I hope you enjoyed using this reader and found it helpful. I would love to hear from you and your personal experience of how you are benefiting from this book. If you have any questions, please feel free to get in touch via m.diouri@me.com , Twitter: @e_Arabic or at mouradd.com

Mourad Diouri
Edinburgh, Scotland
11 Sep 2023

About the Author

Mourad Diouri is an author and teaching fellow of Arabic at the University of Edinburgh in Scotland, UK. In addition to writing instructional books on learning Arabic as a foreign language, he also works as an education consultant, external examiner and teacher trainer within the UK and internationally. He lives in Edinburgh, Scotland, with his wife and children.

Also by Mourad Diouri

CoronaVirus Lexicon: A Practical Guide for Arabic Learners & Translators (M. Diouri & M. Aboelezz 2023)

My Journey through Ramadan & Eid Al-Fitr (Arabic for Little Ones), Mosaic Tree Press (2023)

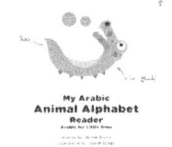

My Arabic Animal Alphabet Reader, Arabic for Little Ones, Mosaic Tree Press (2023)

My First Arabic Alphabet Reader, Arabic for Little Ones, Mosaic Tree Press (2023)

Essential Arabic Readers: Arabic Alphabet Writing Practice Handbook, Mosaic Tree Press (2023)

Essential Arabic Readers: Similar Sounding Letters in Arabic, Mosaic Tree Press (2023)

Essential Arabic Readers: Alphabet Letters with Vowels & Pronunciation Symbols, Mosaic Tree Press (2022)

Tricky Tongue Twisters In Arabic (Arabic Script & Sounds),[Essential Arabic Readers] (2023)

My Arabic Learning Journals: My Abc Dictionary (English-Arabic), Mosaic Tree Press (2022)

My Arabic Learning Journals: My Abc Dictionary (Arabic- English), Mosaic Tree Press (2022)

My Arabic Learning Journals: Thematic Vocabulary, Mosaic Tree Press (2022)

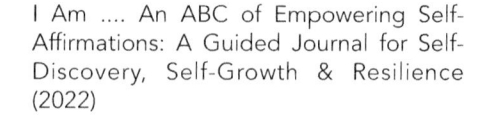

I Am .... An ABC of Empowering Self-Affirmations: A Guided Journal for Self-Discovery, Self-Growth & Resilience (2022)

Arabic & Islamic Mosaic & Calligraphy Colouring Journal (Volume 1: Islamic Quotes) (2022)

Teach Yourself: Essential Arabic Vocabulary: A Handbook of Core Terms, Hodder Education (2015)

Internet Arabic: Essential Middle Eastern Vocabularies (w/ MP3 CD), Edinburgh University Press (2013)

Teach Yourself: Read & Write Arabic Script, Hodder Education (2011)

Browse our full catalogue at
MosaicTree.org

- Arabic Script & Sounds
- Arabic Vocabulary
- Arabic for Little Ones
- Arabic/Islamic Mosaic & Calligraphy
- Arabic Learning Journals
- Well-Being & Character Development

Mosaic Tree Press
MosaicTree.org

تقربحمدالله

Printed in Great Britain
by Amazon